Die Deutsche Bibliothek – CIP-Einheitsaufnahme

Amsel, Igel und Marienkäfer : Tiere im Garten / Ill. von Catherine Fichaux und
Text von Christian Havard. [Aus dem Franz. von Cornelia Panzacchi]. – München : Ars-Ed., 2001
Einheitssacht.: Animaux des jardins <dt.>
ISBN 3-7607-4704-3

In der gleichen Reihe erschienen:

ISBN 3-7607-4676-4

ISBN 3-7607-4682-9

© 2001 für die deutsche Ausgabe
arsEdition, München
Aus dem Französischen von Cornelia Panzacchi
Lektorat: Ina Schumacher
Satz: Media and more GmbH, München
Titel der Originalausgabe: »Animaux des jardins«

© 2000 Éditions MILAN, Toulouse
Alle Rechte vorbehalten

Printed in Belgium
ISBN 3-7607-4704-3

Amsel, Igel und Marienkäfer

Tiere im Garten

Illustrationen von Catherine Fichaux
Text von Christian Havard

arsEdition

Inhalt

Der Igel

Der Igel durchstreift nachts auf der Suche nach Nahrung Gärten und Wiesen. Jede Nacht frisst er sehr viele Schnecken und Insekten. Die Gärtner schätzen ihn, weil er viele Schädlinge vertilgt und das Gemüse im Garten nicht anrührt. Im Oktober baut er sich ein warmes, geschütztes Blätternest, in dem er seinen Winterschlaf bis März hält.

Igel sind bei der Geburt nackt, rosig und blind. Sie wiegen nur 20 g. Sie kommen bereits mit einem Stachelkleid zur Welt, das aber noch weich ist. Im Alter von zwei Wochen öffnen sie zum ersten Mal die Augen.

kleine schwarze Schnauze

Jeder Igel hat ungefähr 6000 Stacheln. Sie fallen aus und wachsen nach, genau wie Haare.

Auf einem einzigen Igel leben
an die hundert Flöhe.

Die Igelmutter zieht ihre Jungen alleine auf.
Die Igeljungen begleiten ihre Mutter auf deren
Streifzügen und lernen durch Beobachten,
wie man Futter findet. Nach zwei Monaten
kommen sie bereits alleine zurecht.

Der gefährlichste Feind der Igel
ist das Auto. Jedes Jahr werden
auf unseren Straßen Tausende
von Igeln überfahren.

Das Fell am Bauch
ist graubraun.

Der Igel besitzt nur eine Möglichkeit, sich bei Gefahr
zu verteidigen: Er rollt sich zu einer Kugel zusammen.
In dieser Haltung kann man weder seinen Kopf noch
seinen Bauch sehen. Er kann über eine Stunde so
verharren. Der Fuchs lässt ihn in Ruhe, weil ihm
seine Stacheln zu spitz sind.

10 Das Amselmännchen

Amsel und Spatz sind die vertrautesten Bewohner
unserer Gärten. Man sieht und hört sie überall.
Amseln sind nicht sehr scheu. Sie hüpfen schein-
bar ohne Furcht durch das Gras. Droht Gefahr,
fliegen sie schnell auf und rufen mehrmals
laut hintereinander»tix, tix, tix«.

gelber Ring rund
um das Auge

orangegelber
Schnabel

langer, unten
abgerundeter
Schwanz

Amseln werden
etwa 25 cm lang.

Amseln fressen vor allem Samen, Würmer und Insekten.
Im Sommer, wenn die Früchte an den Obstbäumen
reif werden, picken sie an Kirschen, Aprikosen, Pfirsichen
und Pflaumen. Sehr gerne naschen sie auch an Erdbeeren
und Himbeeren – trotz Netzen und Vogelscheuchen!

Es wird Frühling!

Das Amselmännchen sucht sich bei
Sonnenaufgang oder -untergang
einen hohen Ast, um zu singen.
Er grenzt damit sein Revier ab.
Meistens antwortet ihm ein
zweites Männchen in der
Nachbarschaft. Sein Gesang
besteht aus einem melo-
disch geflötetem Lied.

Das Amselweibchen

Anders als das Männchen ist das Gefieder des Weibchens nicht schwarz, sondern braun. Brust und Bauch sind braunbeige gefleckt. Sie besitzt keine gelben Augenringe und ihr Schnabel ist hellbraun.

Das Nest wird von beiden Elternteilen gemeinsam gebaut. Es hat die Form eines großen Napfs und ist stabil in einer Hecke verankert. Es besteht aus Moos, trockenem Gras und Schlamm.

Das Weibchen legt drei bis fünf blaugrüne Eier mit braunen Flecken. Sie brütet die Eier alleine aus. Zwölf Tage lang verlässt sie ihr Nest nur kurz, um zu trinken und zu fressen.

schmale Läufe

vier Zehen mit langen Krallen

Die Jungen schreien ständig nach Futter. Sie warten mit hoch erhobenen Köpfen und weit aufgesperrtem Schnabel auf Nahrung. Ihre Eltern füttern sie mit Larven, Insekten und Würmern.

Nach 13 bis 14 Tagen verlassen die jungen Amseln das Nest. Da sie die ersten Tage noch nicht richtig fliegen können, müssen ihre Eltern sie weiterhin füttern.

Das Mauswiesel

Das Mauswiesel ist das kleinste europäische Raubtier. Das Weibchen wiegt 40 bis 100 g und das Männchen 80 bis 250 g. Früher lebte das Mauswiesel in der Nähe des Menschen und jagte Mäuse und andere Nagetiere. Inzwischen wurde das Mauswiesel von der Katze, ihrem einzigen Feind, aus den Häusern und Gärten vertrieben.

kleine flache Ohren

schwarze Augen

dreieckiger Kopf

Das Weibchen kann zweimal im Jahr Junge bekommen.

fünf Zehen mit nichteinziehbaren Krallen

kurze Beine

Bei der Geburt wiegt ein Mauswiesel ungefähr 4 g und ist 4,5 cm lang. Nach einem Monat öffnet es die Augen. Nach fünf Wochen beginnt es mit der Beute zu spielen, die seine Eltern nach Hause bringen. Mit sieben Wochen tötet es seine ersten Waldmäuse. Mit drei Monaten kommt es so gut alleine zurecht, dass es seine Eltern verlässt.

Das Mauswiesel legt in seinem Bau einen Futtervorrat an.

Das Fell ist braun, aber die Unterseite ist weiß.

Auf der Jagd

Mauswiesel sind ausgezeichnete Jäger. Sie ernähren sich hauptsächlich von kleinen Nagetieren. Sie können aber auch Tiere fangen, die wesentlich größer sind als sie selbst, wie z. B. Kaninchen. Wenn sich die Gelegenheit bietet, fressen Mauswiesel auch gerne Vögel und Eier.

Mauswiesel leben häufig in der Nähe von Häusern. Man sieht sie kaum, weil sie hauptsächlich nachts aktiv sind. Bei Gefahr flitzen sie durch den Zaun oder in ein Loch, auch wenn es nur einen Durchmesser von 2 cm hat.

Das Rotkehlchen

14

Das Rotkehlchen gehört bei uns zu den bekanntesten Singvögeln, denn man sieht und hört es das ganze Jahr über. Mit seinem feinen Schnabel pickt es am Boden aus den zusammengekehrten Blättern oder der umgegrabenen Erde Insekten, Würmer und Spinnen.

Rotkehlchen sind kleine, rundliche Vögel.

Rotkehlchen sind begabte Sänger, die uns das ganze Jahr über mit ihrem hohen Gesang erfreuen. Ihren Ruf »tick, tick, tick« kannst du häufig im Gebüsch hören.

Das Federkleid der jungen Rotkehlchen ist braun gefleckt.

Rotkehlchen wiegen 20 g. Sie werden 14 cm lang und haben eine Spannweite von 22 cm.

Rotkehlchen verteidigen sehr energisch ihr Revier. Wenn sie die Flügel abspreizen, den Schnabel öffnen und den Schwanz anheben, fühlen sie sich gestört.

großes, schwarzes Auge mit einem weißen Ring

Das Weibchen legt zum ersten Mal im April fünf bis sieben weißliche, braun getupfte Eier. Während sie die Eier ausbrütet, versorgt das Männchen sie mit Nahrung. Nach dem Ausschlüpfen füttern beide Eltern die Jungen.

schmaler, spitzer Schnabel

Wenn die Rotkehlchen ausschlüpfen, sind sie nackt; nur auf Kopf und Flügeln erscheint ein leichter Flaum. Mit weit aufgesperrtem Schnabel verlangen sie ständig nach Nahrung.

Im Jahr ziehen die Eltern zwei bis drei Gelege groß.

Wenn es kalt wird

Der Winter ist für Vögel eine schwierige Zeit: Das Futter wird knapp und es wird kalt. Wenn das Rotkehlchen friert, plustert es sein Gefieder auf, sodass sich um seinen Körper herum eine warme Luftschicht bildet.

Der Grünspecht

Er ist ein bunter Vogel mit seinem grünen Rücken, seinem roten Hinterkopf und seinem gelben Bürzel .

Der Grünspecht ist ein geschickter Kletterer. Mit seinen spitzen Krallen bewegt er sich schnell an den Baumstämmen hoch. Mit dem kurzen, steifen Schwanz kann er sich an der Rinde abstützen. Am Boden ist der Grünspecht dagegen sehr unbeholfen.

Bei Männchen und Weibchen ist der Hinterkopf rot.

fächerartig angeordnete Steuerfedern

kurze, breite Flügel

Wie schade, dass dieser schöne Vogel so scheu ist. Wenn er sich beobachtet fühlt, verschwindet er hinter einem Baum oder fliegt mit einem Ruf davon, der wie ein helles Lachen klingt.

abgerundete Schwungfedern

Grünspechte hämmern in gesunde Bäume jeweils zwei Höhlen: eine für das Gelege und eine für sich.

Mit seiner langen, klebrigen Zunge holt der Grünspecht Insekten hervor, die sich in der Baumrinde verstecken. Sein Futter sucht er jedoch vorwiegend am Boden. Er ernährt sich von Spinnen, Ameisen, Regenwürmern und Nacktschnecken.

Verwandte

Der Buntspecht ist die bekannteste und verbreitetste aller Spechtarten. Mit seinem schwarzweißen Gefieder und je einem großen, roten Fleck auf Kopf und Bürzel ist er leicht zu erkennen. Sein Hämmern ist sehr laut und schnell und klingt sehr energisch. Auf diese Weise klopft er Rinde vom Baum ab, unter denen er Larven vermutet. Außerdem verkündet sein Klopfen: »Hier ist mein Revier!«

Die Weinbergschnecke

Das spiralig aufgerollte Gehäuse wächst mit der Schnecke mit.

Die Weinbergschnecke trägt ein 5 cm großes kugeliges Gehäuse auf dem Rücken. Man sieht nur ihren Kopf und ihren Fuß. Wenn eine Gefahr droht oder sie müde ist, zieht sie sich ganz in ihr Gehäuse zurück. Auch ihre Fühler kann sie nach Bedarf ein- und ausfahren. Man sollte die Fühler nicht berühren, denn an den Spitzen befinden sich ihre Augen.

Schnecken sind Zwitter. Das bedeutet, dass sie sowohl männlich als auch weiblich sind. Sie legen Eier, die wie kleine Perlen aussehen, und verstecken sie unter der Erde. Im Frühling schlüpfen kleine Schnecken aus den Eiern aus und kriechen mit ihren winzigen, durchsichtigen Häusern ans Tageslicht.

Um die Blätter und Kräuter fressen zu können, haben Schnecken eine besondere Zunge. Man nennt sie »Radula«. Auf ihr sitzen Hunderte von Zähnchen, wie auf einer Raspel.

Vorsicht! Weinbergschnecken stehen unter Naturschutz. Man darf sie nicht das ganze Jahr über sammeln.

Weinbergschnecken fressen gerne Pilze. Man sollte aber Pilze, an denen Schnecken gefressen haben, nicht für genießbar halten, denn sie vertragen auch giftige Pilze gut.

Im Winter schlüpfen die Weinbergschnecken unter die Erde oder unter einen Blumentopf. Dort sondern sie einen dicken Schleim ab, der schnell hart wird und den Ausgang ihres Hauses fest verschließt. Dann halten sie Winterschlaf.

Schöner wohnen

Im Garten kann man Schnecken von verschiedener Farbe und Größe finden. Die größte ist die Weinbergschnecke. Ihr Haus ist weiß, mit einem rosa Schimmer. Die Schalen kleinerer Arten sind meist bunter: rot oder gelb.

Der Steinmarder

Der Steinmarder lebt in Dörfern und Städten. Sein Versteck verlässt er nur zwischen Sonnenuntergang und Morgendämmerung. Er kann mehrere Unterschlupfe haben, die er unterschiedlich nutzt. Der Steinmarder beschädigt manchmal Autos. Er schleicht unter die Motorhaube und knabbert elektrische Kabel an.

kurze Beine

Im Frühling bekommt das Weibchen zwischen zwei und sieben Junge, die bei ihrer Geburt etwa 30 g wiegen. Nach einem Monat öffnen sie die Augen und in der achten Woche werden sie abgestillt. Im Alter von 19 Wochen jagen sie ihre Beute bereits selbst.

dickes,
weiches Fell

Steinmarder passen ihren Speiseplan an ihre Umgebung
und die Jahreszeit an. Sie mögen vor allem Früchte
und Beeren. Sie fressen aber auch Insekten, Würmer,
Aas und Haushaltsabfälle.

dreieckige Ohren

rosa Nase

Der weiße Kehlfleck
sieht bei jedem Steinmarder
ein wenig anders aus.

Wer ist wer?

Beide Geschlechter sind gleich
gefärbt, aber das Männchen ist
mit 70 cm größer als das Weibchen mit 60 cm. Die Männchen
wiegen etwa 1,8 kg und die
Weibchen ungefähr 1,4 kg. Im
Winter nehmen die Tiere bis
zu 300 g ab.

Die Schleiereule

Die Schleiereule erkennt man an ihrem Bauch, der rein weiß ist oder gelbbraun mit braunen Tupfen, an ihrem herzförmigen Gesicht und an ihren großen, schwarzen Augen.

Nachts sieht die Schleiereule genauso gut wie tagsüber.

Dank ihres seidigen Gefieders fliegt sie fast lautlos. Das ist sehr nützlich bei der Jagd. Leider fliegt sie auf der Suche nach kleinen Nagetieren nicht sehr hoch. Dabei wird sie häufig von Autoscheinwerfern geblendet und infolgedessen von Autos überfahren.

Wenn sie in ihrem Versteck sitzt und schläft, wiegt sie häufig den Kopf hin und her.

Die Spannweite beträgt 90 cm.

Sechs Wochen lang fliegen die Eltern vom Einbruch der Dämmerung bis zum frühen Morgen unermüdlich zwischen dem Nest und ihren Jagdgründen hin und her. Sie bringen ihrem hungrigen Nachwuchs Waldmäuse, Mäuse und große Insekten. Wenn die Jungen viel gefressen haben und sich aufplustern, wirken sie viel dicker als ihre Eltern.

kräftiger Schnabel, halb unter Federn versteckt

Schleiereulen nisten am liebsten auf Dachböden sowie in Scheunen und Kirchtürmen. Das Weibchen legt vier bis sieben Eier auf den nackten Boden und bebrütet sie etwa 45 Tage lang allein. Das Männchen versorgt sie in dieser Zeit regelmäßig mit Nahrung.

Sie gibt schnarchende und kreischende Laute von sich.

Mit den kräftigen Fängen tötet sie die Beute immer sofort.

Seltsame Reste

Wenn Eulen Insekten oder kleine Nager fressen, verschlingen sie diese ganz und verdauen sie. Die unverdaulichen Haare, Knochen und Insektenpanzer werden später als Knäuel wieder herausgewürgt. Man nennt sie Gewölle. Wenn sich Forscher mit dem Leben der Eulen befassen, erfahren sie durch die Untersuchung des Gewölles, was die Eulen gefressen haben.

Die Ringeltaube

Die Ringeltaube ist die größte Taube Deutschlands. Wir treffen sie immer öfter in Gesellschaft der Felsentaube in unseren Städten an. Außerhalb der Brutzeit, in der sie in Paaren leben, bilden Ringeltauben große Schwärme.

weißer Fleck auf beiden Seiten des Halses

In Süd-Europa werden Ringeltauben auch gejagt und gegessen.

graue Brust mit rötlichem Schimmer

Mit lautem Flügelschlag fliegt der gesamte Schwarm auf einmal zur Nahrungssuche auf. Auf ihrem Speiseplan stehen vor allem Samen und Körner. Sie ernähren sich aber auch von Bucheckern, Schnecken und Würmern sowie von den Blättern junger Pflanzen.

Sie werden ungefähr 40 cm lang, bei einer Spannweite von 75 cm, und wiegen 500 g.

Bei der Geburt besitzen die Ringeltauben nur weiße oder gelbe steife Federstummel. Ihr Kopf ist kahl, der verhältnismäßig lange Schnabel rosa und schwarz und um das Auge ist ein großer bläulicher Ring.

In der Brutzeit stoßen Ringeltauben ein tiefes Gurren aus.

lange, an den Enden schwarze Schwanzfedern

Ein breites, weißes Band, das nur im Flug sichtbar ist, schmückt die Flügel.

Männchen und Weibchen wechseln sich 18 Tage lang beim Bebrüten der beiden weißen Eier ab.

Die Tauben

Der Familie der Tauben gehören neben den Ringeltauben auch andere Arten an. Außer in großen Parks und in Wäldern leben sie auch in Gärten.

Turteltaube

Türkentaube

Felsentaube

Weitere Singvögel

Wenn man ein bisschen aufmerksam ist, kann man diesen Singvögeln beim Nestbau zusehen. Ihre Nester sind meist in Hecken, unter Dächern und an Gartenschuppen versteckt. Im Winter ist es für sie sehr hilfreich, wenn man geeignetes Futter und eisfreies Wasser bereitstellt, damit sie die kalte Jahreszeit besser überstehen.

Die Blaumeise

Sie hält sich nur selten am Boden auf. Dafür kann sie sich an sehr dünne Zweige hängen und sogar kopfüber Samen, Insekten und Früchte fressen. Wenn sie zum Futterhäuschen fliegt, vertreibt sie gerne die anderen Vögel. Ihr Nest baut sie in Baumhöhlen, Nistkästen oder sogar im Briefkasten!

kleiner, stets aufgestellter Schwanz

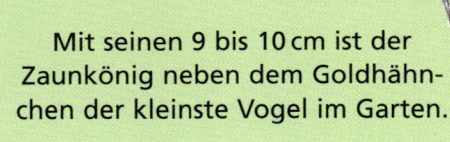

Mit seinen 9 bis 10 cm ist der Zaunkönig neben dem Goldhähnchen der kleinste Vogel im Garten.

Der Haussperling

Der Haussperling wird auch Spatz genannt. Er taucht überall auf, wo es etwas zu holen gibt, wie z. B. die Reste von Mahlzeiten. Der Haussperling hat auch für alles Verwendung und sammelt Wollreste, Haare und Hühnerfedern ein, um damit sein Nest zu polstern.

Spatzen leben in kleinen Gruppen von etwa 20 Vögeln.

Der Zaunkönig

Der winzige Federball ist ständig in Bewegung und schlüpft unter Büsche und durch Hecken. Zu Beginn des Frühjahrs baut das Männchen in einer verfallenen Mauer oder im Gestrüpp mehrere Nester. Das Weibchen begutachtet sie, wählt eines aus und richtet es ein, indem sie es mit weichen Federn und Daunen auspolstert.

Der Stieglitz

Weil er so gerne die Samen der Disteln frisst, nennt man ihn auch Distelfink. Man erkennt ihn an seinem Gefieder, das gelbe, rote, schwarze, weiße und ocker-farbene Flecken und Bänder aufweist. Seinen Namen verdankt der Vogel seinem Flugruf »Tieglitt«.

weiße Spitzen der Schwungfedern

spitzer Schnabel

grauer Hinterkopf und rote Wangen beim Männchen

zwei weiße Bänder auf den Flügeln

Der Buchfink

Er ist nicht scheu und leistet dem Gärtner bei der Arbeit gerne Gesellschaft, weil er hofft, dabei ohne große Mühe an ein paar Insekten und Regenwürmer zu kommen. Im Mai baut er in einer Hecke ein weiches Nest für fünf bis sechs Junge.

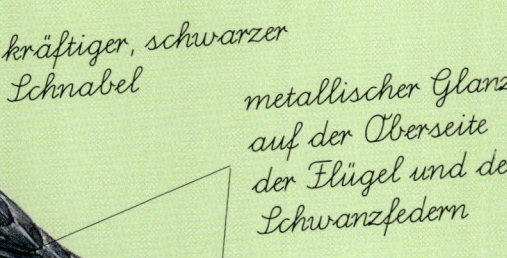

Die Elster

Sie wagt sich in letzter Zeit immer näher an die Häuser heran. Aus Zweigen baut sie hoch oben in einem Baumwipfel ein großes Nest. Beide Vogeleltern bebrüten abwechselnd fünf bis sechs grünblau getupfte Eier.

kräftiger, schwarzer Schnabel

metallischer Glanz auf der Oberseite der Flügel und der Schwanzfedern

weiße Stirn und schwarze Kehle beim Männchen

langer, rostroter Schwanz

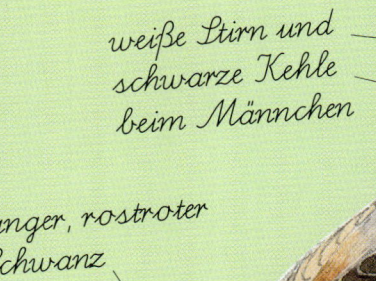

Der Gartenrotschwanz

Wenn er sich beobachtet fühlt, schreit er, hüpft um-her und wippt aufgeregt mit dem Schwanz. Trotzdem scheint ihn die Nähe des Menschen nicht zu stören, denn er nistet gerne in Scheunen und Schuppen.

Die Zwergfledermaus

Sie ist die kleinste Fledermaus Europas. An Sommerabenden sieht man sie häufig in der Nähe von Straßenlaternen Insekten jagen. Früher, als die Menschen noch abergläubischer waren, hielt man sie für gefährlich und tötete sie. Heute ist die Zwergfledermaus geschützt und als Insektenjäger auch sehr geschätzt.

horniger Daumen

Tagsüber und während des Winterschlafs schlafen die Zwergfledermäuse mit dem Kopf nach unten. Mit den Zehen krallen sie sich am Deckengewölbe einer Höhle, an den Dachbalken einer Scheune oder in einem hohlen Baum fest. Sie bilden dann Kolonien von mehreren Dutzend Tieren.

lange, gekrümmte Zehen

Geschmäcker sind verschieden

Es gibt sehr viele Fledermausarten, die sich alle unterschiedlich ernähren. Manche sind, wie die Zwergfledermaus, Insektenfresser. Die meisten ernähren sich jedoch von Früchten. Andere hingegen fressen Fische. Der berühmte amerikanische »Gemeine Vampir« trinkt sogar das Blut von Weidetieren.

Alle Fledermäuse orientieren sich bei ihren nächtlichen Flügen durch eine Art Radar, das Sonarsystem. Sie stoßen sehr hohe Schreie aus. Hindernisse oder Beutetiere werfen ein Echo dieser Schreie zurück, das die Fledermäuse mit ihren Ohren hören können.

kleine, abgerundete Ohren

Die Weibchen bringen jedes Jahr im Juni ein oder zwei Junge zur Welt. Die nackten, blinden Jungen klammern sich an den Bauch der Mutter. Hier bleiben sie, bis sie selbst fliegen können. Wie bei allen Säugetieren säugt auch bei den Fledermäusen die Mutter ihre Jungen.

kleine, spitze Zähne

Segelflieger

Die Fledermäuse sind die einzigen Säugetiere, die richtig fliegen können. Eine dünne Haut spannt sich zwischen den Armen, den Beinen und dem Schwanz und bildet so eine Art Segel. Die Flügel der verschiedenen Fledermausarten sind sehr unterschiedlich, aber alle fliegen so gut wie die Vögel.

Der Siebenschläfer

Es ist schwierig, den Siebenschläfer zu beobachten, da er den ganzen Tag schläft und erst nachts aktiv wird. Dann sucht er Futter, versorgt seine Jungen und legt Vorräte für den Winter an. Dabei ist er sehr vorsichtig. Wenn er Angst hat, fängt er an zu quieken.

großes, schwarzes Auge

Für seine Jungen baut er ein Nest aus Moos und Blätter in Baumhöhlen oder auch in Vogelnistkästen.

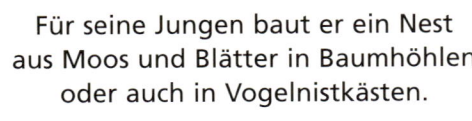

Bei der Geburt sind die Jungen nackt und rosig. Ihre Augen öffnen sie erst später.

Der Winterschlaf dauert von Oktober bis Mai. Zu einer Kugel zusammengerollt, die Nase unter den Schwanz gesteckt, schläft er sehr fest. Er überwintert häufig in einem Schuppen oder in einer Scheune. Von Zeit zu Zeit wacht er auf, frisst eine Nuss oder eine Kastanie aus seinem Vorrat und schläft wieder ein.

Seine Körperlänge beträgt 15 cm.
Sein Schwanz ist 12 cm lang.

Ein naher Verwandter

Der Gartenschläfer schleicht nachts in Keller und Scheunen, um sich dort über eingelagerte Äpfel und Birnen herzumachen. Er frisst auch viele Insekten, die er auf den Bäumen fängt. Und wenn eine Vogelmutter ihr Nest verlässt, holt er sich die Eier.

Mit dem buschigen Schwanz hält er bei seinen Sprüngen von Ast zu Ast das Gleichgewicht.

Siebenschläfer fressen alles, was ihnen die Jahreszeit bietet: Insekten, Pilze, Knospen, Beeren, Eier. Am liebsten mögen sie Obst. Sie knabbern die Früchte direkt am Baum an oder bringen sie in ihr Vorratslager.

Kleine Garten- bewohner

Sie fliegen über den Garten, leben auf einem Baum oder in der Erde. Sie sind zwar klein, aber auf ihre Art und Weise interessant und einzigartig.

Der Siebenpunkt-Marienkäfer

Bei seiner Geburt ist er ganz gelb. Dann wird er orange und nach einigen Stunden rot mit schwarzen Punkten. Der Marienkäfer ist ein Insektenjäger, der die Läuse auf Rosen und Kirschbäumen frisst.

Der Maikäfer

Im Frühling frisst dieser dicke, 3 cm lange Käfer die jungen Blätter und Blütenknospen der Bäume. Weil seine Larven, die Engerlinge, auf den Feldern die Pflanzenwurzeln anfressen, hat man sie lange Zeit sehr stark bekämpft. Deshalb sind Maikäfer selten geworden.

Die Erdkröte

Mit ihrer von Warzen übersäten Haut ist sie nicht sehr schön anzusehen. Weil ihre Haut auch giftig ist, fressen andere Tiere sie nicht. Für den Menschen ist sie nicht gefährlich. Im Garten macht sie sich nützlich, indem sie Schnecken und Insekten frisst. Sie ist geschützt.

Das Eichhörnchen

Mit dem buschigen Schwanz hält das Eichhörnchen sein Gleichgewicht, wenn es über die Äste der Haselnusssträucher läuft. Es ernährt sich von Samen, Beeren, Nüssen, Eicheln, Bucheckern und Pilzen.

Die Blindschleiche

Keine Angst, das ist gar keine Schlange, sondern eine Eidechse! Sie schleicht, weil sie keine Beine hat. Trotzdem kommt sie gut voran, wenn sie zwischen den Salatköpfen Spinnen, Insekten und Nacktschnecken jagt. Den Salat rührt sie nicht an, denn sie mag kein Gemüse.

Der Kohlweißling

Diesen kleinen Schmetterling hast du bestimmt schon oft gesehen. Er fliegt auf der Suche nach Nektar von Blüte zu Blüte. Er setzt sich auch auf Kohl, um dort seine Eier abzulegen. Wenn seine Raupen geschlüpft sind, fressen sie sich durch die saftigen Kohlblätter.

Die Wanderratte

Sie ist die ungeliebte, berüchtigte »Kanalratte«. Ihre Vorfahren haben in den vergangenen Jahrhunderten schreckliche Seuchen verbreitet. Sie ist immer hungrig und frisst sich durch alles – sogar durch Beton. Sie hat den Ruf, sehr angriffslustig zu sein und hat auch vor Menschen keine Angst.

Tierspuren

Wer war in meinem Gemüsebeet? Wer hat die Äpfel im Keller angebissen? Um das herauszubekommen, genügt es manchmal, sich die Spuren des Übeltäters anzusehen. Wenn die Gartenerde morgens vom Tau feucht und weich ist, kann man erkennen, wer nachts seine Spuren hinterlassen hat.

die Schleiereule

4 cm

4,5 cm

die Elster

die Amsel

3,5 cm

die Ringeltaube

4,5 cm

der Steinmarder

3,5 cm

das Mauswiesel

1,5 cm

der Siebenschläfer

2 cm

2,5 cm

der Igel

die Erdkröte

2 cm

Spuren sichern

Um deutliche Vogelspuren zu erhalten, genügt es, ein schwarzes Brett mit Mehl zu bestreuen. Lege es auf den Boden und an eines seiner Enden reife Früchte. Wenn ein Tier von der Frucht gefressen hat, findest du auf dem Brett deutliche Spuren. Halte sie mit einem Foto fest – und bestreue das Brett wieder mit Mehl.

Das Leben unter der Erde

Fleißige, unermüdliche kleine Arbeiter graben Löcher und Gänge in die Erde. Manche von ihnen bauen unterirdische Städte. Die meisten unterirdischen Tiere kommen erst nachts an die Oberfläche.

Die Maulwurfsgrille

Wenn sie ihre Gänge gräbt, setzt diese große Grille ihre Vorderbeine wie Schaufeln ein. Pflanzenwurzeln, auf die sie dabei trifft, schneidet sie durch. Auf diese Weise richtet sie in der Landwirtschaft und im Garten Schaden an.

kleine, rosa Nase

verkümmerte Flügel

Die Maulwurfsgrille wird 4 bis 6 cm lang.

Wenn der Maulwurf seine Gänge gräbt, schiebt er die herausgelöste Erde nach oben. So entstehen die kleinen Hügel auf dem Rasen und im Beet. Man nennt sie Maulwurfshaufen. Gärtner sehen sie gar nicht gerne. Sie ebnen sie schnell wieder ein und versuchen, den Maulwurf zu vertreiben, der ihren Garten verschandelt.

Die schaufelförmigen Vorderpfoten mit ihren langen, kräftigen Krallen eignen sich gut zum Graben.

Der Maulwurf

Der kleine Insektenfresser wird 15 bis 20 cm lang und verbringt fast sein ganzes Leben unter der Erde. Seine Beute, Insektenlarven und Würmer, findet er in der Erde, wenn er seine Gänge gräbt.

Die Feldgrille

Um Weibchen anzulocken, reibt das Männchen seine Flügeldecken gegeneinander. Im Winter zieht die Feldgrille sich in ihren Bau zurück oder kommt auf der Suche nach Wärme in die Häuser.

Der Regenwurm

Wir nennen ihn so, weil er bei Regen an die Oberfläche kommt. Die meiste Zeit aber gräbt er Gänge durch die Erde und frisst dabei ihre organischen Bestandteile. Gärtner schätzen ihn sehr, weil er die Erde auflockert.

Die Ameise

Ameisen laufen ununterbrochen von einem Ort zum anderen, alleine oder in großer Anzahl. Einzelne Ameisen suchen nach Nahrung. Wenn sie etwas gefunden haben, teilen sie es den anderen mit. Gemeinsam wird die Beute dann in den Bau getragen.

Das Grillenmännchen ist schwarz, hat einen dicken runden Kopf und wird 2 bis 3 cm lang.

Im Ameisenbau hat jeder eine bestimmte Aufgabe. Die Ammen kümmern sich um die Eier und die Larven. Die Soldaten sorgen für die Sicherheit. Die Arbeiterinnen versorgen und melken die Läuse und die Königin legt die Eier.

Regenwürmer können 10 bis 30 cm lang werden.